Forge of Words

Fragua de palabras

Forge of Words
Fragua de palabras

Miguel Ángel Olivé Iglesias

First Edition

Hidden Brook Press
www.HiddenBrookPress.com
writers@HiddenBrookPress.com

Copyright © 2020 Hidden Brook Press
Copyright © 2020 Miguel Ángel Olivé Iglesias

All rights for poems revert to the author. All rights for book, layout and design remain with Hidden Brook Press. No part of this book may be reproduced except by a reviewer who may quote brief passages in a review. The use of any part of this publication reproduced, transmitted in any form or by any means, electronic, mechanical, photocopied, recorded or otherwise stored in a retrieval system without prior written consent of the publisher is an infringement of the copyright law.

Todos los derechos por los poemas son de los autores. Los derechos de producción del libro, montaje y diseño son de SandCrab Books. No se permite reproducir este libro, excepto por un crítico, quien podrá citar fragmentos breves. El uso de parte alguna de esta publicación ya sea reproducida, o transmitida en alguna forma o por algún medio, electrónico, mecánico, fotocopiado, grabado o almacenado o en cualquier otro formato de guardado sin consentimiento previo dado por escrito por el editor, es una violación a las leyes de derecho de autor.

Forge of Words / Fragua de palabras
by Miguel Ángel Olivé Iglesias

Cover Design – Richard M. Grove
Layout and Design – Richard M. Grove
Translation / Traducciones – Miguel Ángel Olivé Iglesias

Typeset in Garamond
Printed and bound in Canada
Distributed in USA by Ingram, in Canada by Hidden Brook Distribution

Library and Archives Canada Cataloguing in Publication

Title: Forge of words = Fragua de palabras / Miguel Ángel Olivé Iglesias.
Other titles: Fragua de palabras
Names: Olivé Iglesias, Miguel Ángel, 1965- author. translator. | Olivé Iglesias, Miguel Ángel, 1965- Forge of words. | Olivé Iglesias, Miguel Ángel, 1965- Forge of words. Spanish.
Description: "Only Name/Nombre, Waking up/Despertar, and When I Breathe/Cuando respiro were originally written in Spanish."--Page xii. | Poems in English with Spanish translation on facing page.
Identifiers: Canadiana (print) 20190155175 | Canadiana (ebook) 2019015540X
    ISBN 9781927725719 (softcover)
    ISBN 9781927725818 (EPUB)
    ISBN 9781927725825 (Kindle)
Classification: LCC PQ7392.O45 F6718 2019 | DDC 821/.92—dc23

Table of Contents

- Acknowledgements / Agradecimientos – *p. ix*
- To my Pillars / A mis pilares – *p. xi*
- Foreword from the Author – *p. xii*
- Prólogo del autor – *p. xiv*

Poems:

- Your Magic / Tu magia – *pp. 2 / 3*
- A Kiss of Rivers / Un beso de ríos – *pp. 4 / 5*
- Poems for You / Poemas para ti – *pp. 6 / 7*
- Witness of Dawn / Testigo del alba – *pp. 8 / 9*
- Cook-a-poem / Cocción de poesía – *pp. 10 / 11*
- Work Day in my City / Día de trabajo en mi ciudad – *pp. 12 / 14*
- Name / Nombre – *pp. 16 / 17*
- Waking Up / Despertar – *pp. 18 / 19*
- Night / La noche – *pp. 20 / 21*
- Thank You / Gracias – *pp. 22 / 23*
- Next in Line / Herederas – *pp. 24 / 25*
- Time / Tiempo – *pp. 26 / 27*
- Hope / Esperanza – *pp. 28 / 29*
- Rainbows and Seduction / Arco iris y seducción – *pp. 30 / 31*
- Teen Age / Adolescencia – *pp. 32 / 34*
- Time Takes a Break / El tiempo se toma un descanso – *pp. 36 / 37*
- Undefeated / Invicta – *pp. 38 / 39*
- Getting Up, Getting Ready / Levantándome, alistándome – *pp. 40 / 41*
- Tomorrows / Mañanas – *pp. 42 / 43*
- Nocturnal / Nocturno – *pp. 44 / 45*
- Liner / Crucero – *pp. 46 / 47*
- Stowaway / Polizón – *pp. 48 / 49*
- Weather Forecast / Pronóstico del tiempo – *pp. 50 / 51*
- Stars / Astros – *pp. 52 / 53*
- Forge of Words / Fragua de palabras – *pp. 54 / 55*

– In the Depths of my Mind / En los confines de mi mente – *pp. 56 / 57*
– Friend / Amigo – *pp. 58 / 59*
– For Always / Para siempre – *pp. 60 / 61*
– Loss / Pérdida – *pp. 62 / 63*
– When I Breathe / Cuando respiro – *pp. 64 / 65*
– Ninety / Noventa – *pp. 66 / 67*
– What I Imagine / Lo que imagino – *pp. 68 / 69*
– Avalanche / Avalancha – *pp. 70 / 71*
– To not Let You Go / Para no dejarte ir – *pp. 72 / 73*
– When They Met / Cuando se conocieron – *pp. 74 / 75*
– Epitaph / Epitafio – *pp. 76 / 78*
– The Call / El llamado – *pp. 80 / 81*
– Lingering Shadows / Sombras persistentes – *pp. 82 / 83*
– A Saga of Proud Colors / Una saga de orgullosos colores – *pp. 84 / 86*
– Picture / Fotografía – *pp. 88 / 89*
– Early Morning Chat / Charla temprano en la mañana – *pp. 90 / 92*
– After-Love Poem / Poema después del amor – *pp. 94 / 95*
– Witness of Dawn II / Testigo del alba II – *pp. 96 / 97*
– Freedom / Libertad – *pp. 98 / 99*
– End of Year / Fin de año – *pp. 100 / 101*
– I Listen / Escucho – *pp. 102 / 103*
– Enter my Kiss / A escena mi beso – *pp. 104 / 105*
– Shapes / Formas – *pp. 106 / 107*
– Rainy Season / Temporada de lluvias – *pp. 108 / 109*
– Silence / Silencio – *pp. 110 / 111*
– Deep into the Ocean / Profundo en el océano – *pp. 112 / 113*
– Witness of Twilight / Testigo del crepúsculo – *pp. 114 / 115*

– About the Author – *p. 116*
– Sobre el autor – *p. 117*

Acknowledgements

I am deeply in debt with Jorge Alberto Pérez Hernández, Manuel Velázquez and Richard Grove all of them honorable pillars of the Canada Cuba Literary Alliance (CCLA). They are also writers and editors, who encouraged me to write poetry.

Agradecimientos

Estoy profundamente agradecido a Jorge Alberto Pérez Hernández, Manuel Velázquez y Richard Grove todos miembros honorables de la Alianza Literaria Canadá Cuba (ALCC). Son además escritores y editores que me estimularon a escribir poesía.

To my pillars:

My family, the family I was born into and lived with.
The first pillar, the seed, the forge, the strength

My family, the family I created, and the family life led me to.
The second pillar, the reason to live, the light
at the end of the tunnel

My friends, the family we choose.
The third pillar, the support, the shelter

A mis pilares:

Mi familia, en la que nací y con quienes viví. El primer pilar, l
a semilla, la fragua, la fortaleza

Mi familia, la familia que creé, y la familia a la que la vida me guio.
El segundo pilar, la razón para vivir,
la luz al final del túnel

Mis amigos, la familia que escogemos.
El tercer pilar, el apoyo, el refugio

Foreword from the Author

Inspiration is not something you can just turn off like a tap. When it comes, one finds himself going to his desk, finding pencil and paper and writing whatever comes to mind. Raymond Fenech told me this a few months ago. That is how I see my poems, how they came to life, how they were forged.

Forge of Words is a book of inspiration that reveals my innermost feelings. It is indeed my soul burning across this book. There is this utter unveiling broken in a thousand smelting pieces: it cracks, flows, clatters, flickers, crunches, rustles, tinkles and melts as many times as there are poems and themes, and they all come from the forge of my life, my experiences and my feelings. In Dr Raymond Fenech's own words: This was almost a sort of 'poetry therapy exercise' for my soul.

The first three poems were published before by the CCLA, but I wanted to re-visit and revise them with Raymond´s help and present them to you once more. They are among my favorites:

Your Magic / Tu magia (In *The Envoy* 75 and in the Bridges Series, Book IV. 2018, with title *A Kind of Magic / Algo de magia*)
A Kiss of Rivers / Un beso de ríos (In the Bridges Series, Book IV. 2018)
Poems for You / Poemas para ti (In *The Envoy* 84)

All merit goes entirely to Dr Fenech, who was willing enough to go through each of my poems recommending improvement to the minutest detail using his professional expertise but most of all offering all his caring as a great friend.

Thus here is an assorted book full of women, poetry – and poets, both in the poems and the quotations I include. I felt so much pleasure quoting lines I loved when I read them the first time. The book is a journey also to nature, life, friendship, the night, history, family, nostalgia, hope, everydayness, city life and bustle, death, loss, all of these themes cohabiting in random harmony from the modest perspective of a Cuban, who writes poetry originally in English, then translates it into Spanish. This English-Spanish sequence is unavoidable, forgive me… Only *Name / Nombre*, *Waking up / Despertar* and *When I Breathe / Cuando respiro* were originally written in Spanish.

I have always shown high respect for translation, especially when poetry is involved. Doing it, versions in either direction, was a painstaking task but also enjoyable. The resulting poems are, as John B. Lee said, *inspired imitations*.

The phrase I prefer… is the phrase "inspired by". The poems… are inspired imitations. They emulate the original. They are creations based upon the original… poems. Each poem is something of an exercise in writing like someone else. One transforms one language into another and in so doing transports as much of the original as possible into a new work that amounts to a glass seen through darkly. One is looking through the filter of another language, a second culture, rather than viewing a direct reflection of the original. (Taken from "As We Speak–dreaming in the wrong language", Afterword by John B. Lee in *Sweet Cuba*, 2010. Hidden Brook Press).

My initial plan was to structure the book in thematic sections; but the more I read the poems, the more I concluded that it was not necessary. There is a pleasant mixture of themes in every poem that satisfies me and hopefully you the readers as well.

Enjoy this journey as much as I did during my creation process. I hope you find echoes of your own lives pulsating within these pages upon which you can dream and reflect. I thank you in advance for sharing moments of your precious time reading my book. Fenech wrote: *Becoming a poet can be a wonderful journey through as one recognizes the very essence of life* (Taken from *A Poet is born* by Dr Raymond Fenech. 2018). I am positive – and hopeful – my journey into poetry will be your journey too, and one that reveals life to us.

A word of gratefulness to all of my friends especially to: Dr Raymond Fenech. As busy and important as he is, he kindly stole time from his tight schedule and his health to polish my poems. My aspirations as a poet are thanks to him and to Richard M. Grove (Tai). His encouragement, support and teachings these last years have made me a better poet and my dreams come true. Thanks also to Jorge Alberto Pérez Hernández. He always believed in my poetry, that I could eventually publish and leave a legacy behind me. They have all inspired me to achieve the impossible dream. I feel ever so grateful to them… Thank you, brothers…

Prólogo del autor

"La inspiración no es algo que puedes cerrar y ya como una llave de agua. Cuando llega, uno se ve a sí mismo caminando hasta el escritorio, buscando lápiz y papel y escribiendo lo que sea que nos viene a la mente". Raymond Fenech me dijo esto hace unos meses. Así es como veo mis poemas, como vinieron a la vida, como se fraguaron.

Fragua de palabras es un libro de inspiración que revela mis sentimientos más profundos. Es en efecto mi alma ardiendo en este libro. Es una develación total quebrada en mil pedazos que se funden: se cuartea, fluye, se resquebraja, chisporrotea, cruje, susurra, tintinea y se derrite tantas veces como poemas y temas hay, y todos vienen de la fragua de mi vida, mis experiencias y mis sentimientos. En las propias palabras del Dr. Raymond Fenech: Fue algo casi como una especie de "ejercicio de terapia de poesía" para mi alma.

Los tres primeros poemas fueron publicados anteriormente por la ALCC, pero quería re-visitarlos y editarlos con la ayuda de Raymond y presentárselos a ustedes una vez más. Están entre mis favoritos:

Your Magic / Tu magia (En *The Envoy* 75 y en la Serie Puentes, Libro IV. 2018, con el título *A Kind of Magic / Algo de magia*)
A Kiss of Rivers / Un beso de ríos (En la Serie Puentes, Libro IV. 2018)
Poems for You / Poemas para ti (En *The Envoy* 84)

Todo el mérito es completamente del Dr. Fenech, quien se dedicó a revisar cada uno de mis poemas recomendando mejoras hasta el más mínimo detalle utilizando su pericia profesional pero sobre todo ofreciendo su afecto como gran amigo.

Tenemos aquí entonces un libro variado lleno de mujeres, poesía – y poetas, tanto en los poemas como en los exergos que incluyo. Sentí tanto placer citando líneas que me cautivaron desde que las leí la primera vez. El libro es además un viaje a la naturaleza, la vida, la amistad, la noche, la historia, la familia, la nostalgia, la esperanza, lo cotidiano, la vida citadina y el bullicio, la muerte, la pérdida, todos estos temas conviviendo en armonía casual desde la modesta perspectiva de un cubano profesor de inglés, que escribe poemas originalmente en inglés, luego los traduce al español. Esta secuencia inglés-español es inevitable, discúlpenme… Solo *Name / Nombre*, *Waking up / Despertar* y *When I Breathe / Cuando respiro* fueron escritos originalmente en español.

Siempre he mostrado un gran respeto por la traducción, especialmente cuando la poesía está involucrada. Traducir, las versiones en cualquiera de las dos direcciones, fue una tarea dura pero disfrutada también.

Los poemas resultantes son, como dijera John B. Lee, *"imitaciones inspiradas"*.

"La frase que prefiero… es la frase "inspirado por". Los poemas… son imitaciones inspiradas. Emulan con el original. Son creaciones basadas en los poemas originales… Cada poema es una especie de ejercicio de escritura como otra persona. Uno transforma un lenguaje en otro y al hacerlo transporta cuanto del original es posible a una nueva obra que equivale a un cristal a través del que se ve misteriosamente, lo cual es diferente a ver una imagen reflejada. Estamos viendo a través del filtro de otra lengua, de una segunda cultura en lugar de ver un reflejo directo del original". (Tomado de "Mientras hablamos–soñando en lengua equivocada", Epílogo de John B. Lee en *Sweet Cuba*, 2010. Hidden Brook Press).

Mi idea inicial era organizar el libro en secciones temáticas; pero mientras más leí los poemas más llegué a la conclusión de que no era necesario. Hay una mezcla atrayente de temas en cada poema que me satisface a mí y espero que a ustedes los lectores también.

Disfruten este viaje tanto como lo hice yo durante el proceso creativo. Espero encuentren ecos de sus propias vidas latiendo en estas páginas sobre los que puedan soñar y reflexionar. Les agradezco de antemano por compartir momentos de su preciado tiempo leyendo este libro. Fenech escribió: *"Convertirse en poeta puede ser una travesía maravillosa ya que reconocemos la misma esencia de la vida"* (Tomado de *A Poet is born* por Dr. Raymond Fenech. 2018). Estoy convencido – y esperanzado – que mi travesía será la de ustedes también, y que nos revelará la vida.

Mi agradecimiento a todos mis amigos especialmente a: Dr. Raymond Fenech. A pesar de lo ocupado que está y lo importante que es, amablemente tomó tiempo de su apretada agenda y su salud para perfeccionar mis poemas. Mis aspiraciones como poeta son gracias a él y a Richard M. Grove (Tai). Su estímulo, apoyo y enseñanzas estos últimos años me han hecho un mejor poeta y mis sueños realidad. Gracias también a Jorge Alberto Pérez Hernández. Siempre creyó en mi poesía, que yo podía con el tiempo publicar y dejar un legado tras de mí. Todos me han inspirado para alcanzar el sueño imposible. Les estoy tan agradecido… Gracias, hermanos…

A longing fulfilled is sweet to the soul
Un anhelo cumplido regocija el alma

Proverbs / Proverbios 13:19

… walking with you, Poetry
… caminando contigo, Poesía

Pablo Neruda
Poet / Poeta

Imagine yourself as a poet composing a poem
Imagínese a sí mismo como un poeta
escribiendo un poema

John B. Lee
Canadian author and poet / Autor y poeta canadiense

Your Magic

I would like to give you magic. Diane Dawber
I'd kneel for you. Leonard Cohen

My thoughts of you
won't ever break
they just grow stronger
in an endless spire,
                a give-and-take
                a crew of two
                waiting no longer
                for the all-consuming fire.
When you fly
through my door
the king in me
kneels down as servant,
                night shining bright
                moon subtly observant
                of two bodies that blend
                of two souls that soar.
Light takes flight
to erase what's tragic
then settles gently
on your head,
                I hold you tight
                you sprinkle magic
                and bring sweet heaven
                to our bed.

Tu magia

Quisiera darte magia. Diane Dawber
Me arrodillara por ti. Leonard Cohen

Mis pensamientos de ti
nunca se detendrán
solo crecen
en espiral eterna,
           un dar y recibir
           un equipo de dos
           que no espera
           por el fuego que los consume.
Cuando te precipitas
por mi puerta
el rey que hay en mí
se arrodilla como siervo,
           una noche resplandeciente
           una luna discretamente avizora
           de dos cuerpos que se unen
           de dos almas que se elevan.
La luz levanta vuelo
para borrar lo trágico
luego se posa suavemente
en tu cabeza,
           te abrazo fuerte
           rocías magia
           y traes un apacible cielo
           a nuestro lecho.

A Kiss of Rivers

Only rain can touch these pavements. James Deahl
Unpolluted rain… trespasses the quietness of the bodies. Ana González

Rain bathes me
drenches my clothes
soaks my spirit.
Splashing rain, playful like a child
oblivious of the hour
devoted to rinse smells, imperfection
wounds of sadness and loneliness.
Rain can do the trick
dusty air brings moistened aroma,
a flawless rainbow
thanks rain and sun
for their conspiracy of raindrops and colors.

Rain caresses me
seeps
       inch
             by
                   inch
until it covers me
                   whole
reaches slowly down
cleanses me,
then meets the thirsty soil.

They become one
in a kiss of rivers.

Un beso de ríos

Solo la lluvia toca el suelo. James Deahl
Una lluvia límpida… atraviesa la quietud de los cuerpos. Ana González

La lluvia me baña
empapa mi ropa
cala mi espíritu.
Lluvia salpicando, juguetona como un niño
olvidada de la hora
dedicada a deslavar olores, imperfecciones
heridas de tristeza y soledad.
La lluvia puede lograr el milagro
el aire polvoriento trae aromas húmedos,
un arco iris impecable
les agradece a la lluvia y al sol
por su complot de gotas de lluvia y colores.

La lluvia me acaricia
se escurre
        pulgada
                a
            pulgada
hasta cubrirme
                      todo
desciende lentamente
me purifica,
luego se une con el sediento suelo.

Se hacen uno
en un beso de ríos.

Poems for You

Your voice in every word I write. Merle Amodeo

I want to reshape
the rebel threads of my time
mold them, spool them around
your own threads, love you
during your offers
to share moments of your life with me
during the eternity of each
and every blink of your eyelashes.
I want to linger there, steal
                         – gently –
the color in your eyes
and hide it, a treasure,
in my coffer of words: poems for you.

Poemas para ti

Tu voz en cada palabra que escribo. Merle Amodeo

Quiero rehacer
las hebras rebeldes de mi tiempo
moldearlas, envolverlas alrededor
de tus hebras, amarte
durante tus ofrecimientos
para compartir momentos de tu vida conmigo
durante la eternidad de cada
uno de tus pestañeos.
Quiero demorarme allí, robarme
– tiernamente –
el color de tus ojos
y esconderlo, como tesoro,
en mi cofre de palabras: poemas para ti.

Witness of Dawn

Dawn's first light. James Deahl

early morning walk
pleasant dark receding
                        cool damp
                        hesitantly yielding to dawn
fog levitates
chilled vaporous mass
of white illusions, enveloping

slippery pavement
TRD glass windows
Las Flores Park (*)
                        all inhabited by glittery crystals of dew
that dissolves
                – slow motion –
next to subsiding cricket choirs

sights and sounds blended
daybreak aroma of wet earth
an invitation to touch the winning light

night/day weave
invisible threads of
                        space   motion   time

(*) Poet´s note: *TRD, hard currency collecting (Cuban convertible peso) shops in Cuba;*
       Las Flores Park, popular name of a Holguín park. Official name is
Julio Grave de Peralta Park, a 19th Century Major General of the Cuban Army

Testigo del alba

La primera luz del alba. James Deahl

temprano paseo matutino
agradable oscuridad que se recoge
                          fresca húmeda
                          cediendo renuente al alba
la niebla levita
una masa helada vaporosa
de blancas ilusiones, envolventes

pavimento resbaloso
ventanas de vidrio de la TRD
el Parque de Las Flores
                todos habitados por relucientes cristales de
rocío
que se disuelve
               – cámara lenta –
cerca de coros de grillos que se van apagando

vistas y sonidos mezclados
aroma de tierra mojada al amanecer
una invitación para tocar la hechicera luz

lienzo de noche/día
hebras invisibles de
               espacio   movimiento   tiempo

Cook-a-poem

All my best is dressing old words new. Shakespeare

Explore the mind
knead the thought
squeeze the heart
cry, smile
live, suffer
         – die perhaps
focus.
Take a word, a phrase
blend metaphors, feelings
hold the produce
pour it piecemeal
on the empty page
pour your heart out.
Don't let it cool
help yourself a little bit.
Let others taste it too.

Cocción de poesía

Lo más que puedo hacer es renovar viejas palabras. Shakespeare

Explora la mente
amasa la idea
exprime el corazón
llora, sonríe
vive, sufre
            – muere tal vez
concéntrate.
Toma una palabra, una frase
mezcla metáforas y sentimientos
sostén el resultado
viértelo despacio
sobre la página en blanco
vierte tu corazón.
No dejes que se enfríe
sírvete un poco.
Deja que los demás lo prueben.

Work Day in my City

To Holguín City, Cuba
The streets of Holguín are starting to fill
with every-day traffic. Richard Grove
The rush of the city. Kimberley Grove

I gulp down breakfast at 5 a.m.
to catch the first bus
to avoid being swallowed
by an avalanche of people
late, crawling out of their homes
like ants into the hectic jungle.
Sleepy faces are already standing
fiddling with their cell phones.
The bus slides in puffing to a stop
and frantic hands grip the doors
squeeze in to avoid being left behind.
"Where did civility go?" An old lady complains.
The journey begins.
The city awaits me.
It unfurls its alleys and parks.
In the back of my mind I can still hear
the chirping of birds that need no bus
and the still solitary streets line up
to stand the heavy load of scrambling legs
noisy chatter that will invade the city
in a few minutes.
I slowly pace, inhaling whatever pure air is left
before the metal snake of cars belches
its toxic fumes into our lungs,
I relish in the quiet, coin my poems,
tint the sinews of the city
with my nostalgia, my tropes.
Another bus stop, I commute,
forced to fraternize with elbows,
yawns, bulky bags, sneezing and coughing
cigarette stench, frantic people

yelling at their cell phones.
I am finally engulfed by endless, invisible
cycles of a city in smoke, shouting, rushing.
The birds´ chirping moved away
to an earlier hour.
The magic of the city at five o'clock is gone.
Where has chivalry gone to?
I run to catch another bus.
The work day is just getting started.

Día de trabajo en mi ciudad

A la ciudad de Holguín, Cuba
Las calles de Holguín comienzan a llenarse con el
sonido del tráfico diario. Richard Grove
El ajetreo de la ciudad. Kimberley Grove

Me trago el desayuno a las 5 de la mañana
para alcanzar el primer autobús
para no ser devorado
por una avalancha de gente
atrasada, saliendo de sus casas
como hormigas hacia el agitado día.
Caras soñolientas ya están paradas cerca de mí
manipulando sus celulares.
El autobús llega resoplando al detenerse
Y manos desesperadas se aferran a las puertas
se aprietan para no quedarse atrás
¿Adónde se fue la educación formal? Se queja una anciana.
Comienza la jornada.
La ciudad me espera.
Abre sus callejones y sus parques.
En el fondo de mi mente aún puedo escuchar
el canto de los pájaros que no necesitan autobús
y las calles aún solitarias se alinean
para resistir la carga pesada de piernas apuradas
charla ruidosa que invadirá la ciudad
en unos minutos.
Camino despacio, absorbiendo el aire puro que queda
antes que la serpiente metálica de carros expulse
su carga tóxica en nuestros pulmones,
disfruto la quietud, invento poemas,
coloreo la ciudad con mi nostalgia, mis tropos.
Otra parada, cambio de ruta,
obligado a confraternizar con codos,
bostezos, bolsos voluminosos, estornudos y tos
olores a cigarro, gente frenética
que le grita a sus celulares.

porque hay mala recepción.
Quedo atrapado finalmente en los ciclos infinitos e invisibles
de una ciudad rodeada de vapores, gritos, prisas.
El canto de los pájaros se mudó
a una hora más temprana.
La magia de la ciudad a las cinco en punto se esfuma.
¿Adónde se mudó la caballerosidad?
Corro para alcanzar otro autobús.
El día de trabajo solo está comenzando.

Name

I keep a woman's name... locked. Pablo Neruda

I hide a woman's name
in my coffers of silence.
When it rains I spell it,
it jingles like a bell.
I whisper her name
I taste its resonance
                         pause
                         recall
memories that take me
from her high heels
to her sandaled feet
scurrying across the hall
then to her bare feet
next to me in her room.
I am addicted to those memories
that slowly drift as they tease my mind,
her name turns into a distinct image
nude and perfect beside me
                               on her bed.

Nombre

De una mujer… guardo el nombre cerrado. Pablo Neruda

Escondo el nombre de una mujer
en mis cofres de silencio.
Cuando llueve lo deletreo,
suena como un cascabel.
Murmuro su nombre
degusto sus ecos
                me detengo
                recuerdo
memorias que me llevan
de sus tacones
a sus pies en sandalias
corriendo por el pasillo
luego a sus pies descalzos
cerca de mí en su habitación.
Soy adicto a esos recuerdos
van a la deriva mientras tientan mi mente,
su nombre se vuelve una imagen nítida
desnuda y perfecta a mi lado
                      en su lecho.

Waking Up

And you give me life every morning. Pablo Neruda
As I wake each dawn. Lala Heine-Koehn
First night with you. Merle Amodeo

When I fumble looking for you in our bed
I find white sheets
sleepiness: you, stark naked
despite the cold.
Then I touch you,
you take flight
smiling, warm, generous
in your gesture of meeting me
in our dawn together.
The dreamy kiss
the sunrise in your eyes:
                              Heaven.

Despertar

Y así cada mañana me regalas la vida. Pablo Neruda
Cuando despierto cada amanecer. Lala Heine-Koehn
Primera noche contigo. Merle Amodeo

Cuando te busco a tientas en nuestro lecho
encuentro sábanas blancas
somnolencia: tú, totalmente desnuda
a pesar del frío.
Entonces te toco,
levantas vuelo
risueña, cálida, generosa
en tu gesto de encontrarte conmigo
en nuestro amanecer juntos.
El beso distraído
la aurora en tus ojos:
                        El cielo.

Night

Staring serenely. Keith Inman
In nights like this. Pablo Neruda

I calmly watch the sun dip westwards
welcoming the veil of the night,
they say it is silent;
I say it opens her room of secrets
plays with them, with the moon,
shadows dance around street lamps
fighting to possess the dark.

I peacefully watch the darkness:
people immerse into it for strength
the cleansing off the hard day's malignity,
some party themselves into it
sing away dancing on and on,
until their bodies collapse.

I patiently watch the black sky
I turn to it for advice
my muse flutters free
in its darkness
I scribble poems-to-be,
stare at it awaiting inspiration.

I wonder if the unfathomable night
is staring back at me too.
Does it know I need its wisdom
before the sun silences its whispering?

La noche

Mirando sereno. Keith Inman
En noches como esta. Pablo Neruda

En calma miro al sol ponerse en el horizonte
recibiendo el velo de la noche,
dicen que es silenciosa;
yo digo que abre su cuarto de secretos
juega con ellos, con la luna,
las sombras danzan alrededor de las lámparas públicas
luchando por adueñarse de la oscuridad.

En paz miro la oscuridad:
la gente se pierde en ella en busca de fortaleza
sanar lo malo de un duro día,
algunos se entregan a las fiestas
cantan sin parar bailando interminablemente,
hasta que sus cuerpos colapsan.

Pacientemente contemplo el negro cielo
acudo a él en busca de consejo
mi musa revolotea libre
en su oscuridad
garabateo poemas futuros,
la miro esperando inspiración.

Me pregunto si la insondable noche
me mira a mí también.
¿Sabe que necesito su sabiduría
antes que el sol acalle sus murmullos?

Thank You

Who but you would take me in? Leonard Cohen

Thank you for the time
spent on loving me
thank you for the days, the nights
the fantasy.

Thank you, *who but you
would take me in*
when the chilling winter
comes kicking in?

Thank you for your
open arms
for the gift of you
for the exquisite charm.

Thank you for being a lady
for being my shelter, for the song
for being there
this long.

Thank you for your hand
for healing the sore
for the gentle hello
and so much more.

Gracias

¿Quién sino tú me hubiera acogido? Leonard Cohen

Gracias por las horas
dedicadas a amarme
gracias por los días, las noches
la fantasía.

Gracias *¿quién sino tú*
me hubiera acogido
cuando el invierno helado
comienza?

Gracias por
tus brazos abiertos
por el regalo que eres
por el placer exquisito.

Gracias por ser una dama
por ser mi refugio, por la canción
por estar ahí
todo este tiempo.

Gracias por tu mano
por curar el dolor
por el saludo tierno
y por mucho más.

Next in Line

To our daughters
To survey the masterpiece. Kimberley Grove

When we part from this world
who we leave behind
have names already:
our daughters will take over
the river of life we bequeath them
make ourselves immortal
                    in their acts
                    in their thoughts
                    in their memories of us.

They are our legacy,
we watch them grow
watch them tread
on the lands of tomorrow:
                    our gift to humanity
                    our ultimate masterpiece.

Herederas

A nuestras hijas
Contemplar la obra maestra. Kimberley Grove

Cuando nos marchemos de este mundo
quienes dejamos
ya tienen nombres:
nuestras hijas asumirán
el río de la vida que les legamos
nos harán inmortales
                         en sus acciones
                         en sus pensamientos
                         en sus recuerdos de nosotros.

Son nuestra herencia,
las vemos crecer
las vemos caminar
sobre la tierra del mañana:
                         nuestro regalo a la humanidad
                         nuestra mejor obra maestra.

Time

Time passed. Manuel Velázquez

The conspiracy of time

weaves into years
wrinkles our skin
weakens our spirit

days pass by
we feel it on our spine

the weight on our shoulders
the burden upon our souls

the minutes burn out
like stars from the sky

then you face it all alone

eternity...

Tiempo

Pasó el tiempo. Manuel Velázquez

La conspiración del tiempo

se entreteje en años
arruga nuestra piel
debilita nuestro espíritu

los días pasan
lo sentimos en nuestra espalda

la carga sobre nuestros hombros
el peso sobre nuestras almas

los minutos arden
como las estrellas en el cielo

entonces te enfrentas a todo solo

la eternidad…

Hope

Wherever I'm going. Al Purdy
With a good book. I.B. Iskov

Don't know *where* I'm going,
the course can't be charted
only slightly modified
on my way
to the invisible place of silence.
Don't know *when* I'm going
got my ticket; won't share it
meeting with infinity is for both of us
on my path into a time of quietness.
I'm already on the road
of darkness
                    – aren't we all?
Please, let me take with me
a picture of my family
a book of poems
and my undying hope.

Esperanza

Donde quiera que vaya. Al Purdy
Con un buen libro. I.B Iskov

No sé *adónde* voy,
el curso no se puede trazar
solo hacerle ligeras modificaciones
en mi paso
hacia ese lugar invisible de silencio.
No sé *cuándo* me voy
tengo mi pasaje; no lo comparto
mi encuentro con lo infinito es cosa de nosotros dos
en mi andar hacia ese tiempo de quietud.
Ya estoy en el camino
de la oscuridad
                – ¿acaso no lo estamos todos?
Por favor, déjenme llevar conmigo
una foto de mi familia
un libro de poemas
y mi esperanza eterna.

Rainbows and Seduction

Water paces barefoot down the wet streets. Pablo Neruda
Rainbow that vanishes and rises. Miriam Vera

Rain walks besides you
kissing your hair
with its humid silence
splashes on your skin
and travels crystal clear,
absorbed by your weary pores.
Rain plays with you
drenches you
turns your clothes
into a transparent film
before my eyes;
falls chilly
         whooshes
                  down
to your feet.
Rain catches your words
turning them into pearls
that roll upon me,
surf along into your eyelids
when you blink to open them.
And when you finally succeed,
your eyes gap open
changing every shiny droplet
into blinding light,
into a sudden miracle
of rainbows and seduction.

Arco iris y seducción

El agua anda descalza por las calles mojadas. Pablo Neruda
Arco iris que aparece y desaparece. Miriam Vera

La lluvia camina a tu lado
besando tu pelo
con su húmedo silencio
salpica sobre tu piel
y viaja cristalina,
absorbida por tus cansados poros.
La lluvia juega contigo
te empapa
vuele tus ropas
transparentes
ante mis ojos;
cae gélida
         chorrea
                  hasta
tus pies.
La lluvia atrapa tus palabras
convirtiéndolas en perlas
que ruedan sobre mí,
navegan hacia tus párpados
cuando pestañeas para abrirlos.
Y cuando finalmente lo logras
tus ojos se abren
convirtiendo cada gota brillante
en luz enceguecedora,
en un prodigio repentino
de arco iris y seducción.

Teen Age

To my daughter, Amanda
Soon spring will tremble in your eyes. Mary Ann Mulhern

You shine, my princess, inside me
every single second of my life
as I watch you grow,
leaving childhood behind
charging into the jungle of youth
towards teen age
before my unbelieving eyes.

You are growing so fast
I shiver when I realize soon
you won't let me take you into my arms,
you will shy away from your father's embrace.

You won't want to sit on my lap
cuddle with me as we watch cartoons
or put up tents with your bed sheets
discover new things with flashlights on
as a new world of fantasy unfolds–
Nor will you call me 'Daddy'.

So many other things we've done
you'll be putting away
in the box of old toys and games,
all our memories together.

Soon there will be other games,
soon your eyelashes will flicker
at other men rather than your jealous 'Daddy
and the hours we had together
will only be a distant memory.

That 'soon' is around the corner
it's inevitable to ignore, to avoid;
life sucks me into this unavoidable vortex
called time; it pulls us all
towards the law of nature
no matter how hard I try to fight it
trying to keep you selfishly safe,
happy with me under my wing.

Now, all I can do is to guide you from a distance
hoping my remote control reaches that far,
wish you the best, wish you would stay with me.

Adolescencia

A mi hija, Amanda
Pronto la primavera palpitará en tus ojos. Mary Ann Mulhern

Brillas, mi princesa, dentro de mí
cada segundo de mi vida
mientras te veo crecer,
dejando la niñez atrás
embistiendo contra la jungla de la juventud
hacia la adolescencia
delante de mis incrédulos ojos.

Estás creciendo tan rápido
me estremezco al darme cuenta de que pronto
no me dejarás abrazarte
te alejarás del abrazo de tu padre.

No querrás sentarte en mi regazo
acurrucarte a mi lado mientras vemos los muñes
o levantamos casas de campaña con tus sábanas
descubrimos nuevas cosas con las linternas encendidas
mientras un mundo novedoso de fantasías se abre –
o no me dirás "Papá".

Tantas otras cosas que hemos hecho
que irás colocando
en el cajón de los viejos juguetes y juegos,
todos nuestros recuerdos juntos.

Pronto serán otros juegos,
pronto tus pestañas se moverán
por otros hombres que no son tu celoso "Papá"
y las horas que pasamos juntos
solo serán un recuerdo lejano.

Ese "pronto" está al doblar de la esquina
es inevitable como para ignorarlo, para esquivarlo;
la vida me empuja hacia ese vórtice ineludible
llamado tiempo; nos hala a todos
hasta la ley de la naturaleza
no importa cuánto trate de luchar contra él
tratando egoístamente de mantenerte segura,
feliz conmigo baja mi protección.

Lo que me queda ahora es guiarte desde lejos
deseando que mi control remoto llegué hasta allá,
desearte lo mejor, deseando que te quedaras conmigo.

Time Takes a Break

Nature's time of rest. Heide Brown
And time stands still. Richard Grove

At this hour
the night rides in its black cloak
slowing down the seconds
on my watch.

I count the sea of stars
I have a feeling
that everything is frozen,
the inertia of the Big Bang
stalled before the red light,
the Avenue of the galaxy
noiseless, dead calm,
time dozing off, exhausted.

I tap on my watch
suddenly it starts ticking again
with it the whole universe comes to life –
my feeling vanished
time's rest, overridden.

El tiempo se toma un descanso

Hora de descanso de la naturaleza. Heide Brown
Y el tiempo se detiene. Richard Grove

A esta hora
la noche cabalga con su capa negra
ralentizando los segundos
en mi reloj.

Cuento un mar de estrellas
tengo la sensación
de que todo se ha congelado,
la inercia del *Big Bang*
se ha detenido con la luz roja,
la Avenida de la galaxia
en silencio, en calma total,
el tiempo duerme, agotado.

Doy golpecitos a mi reloj
de repente echa a andar
con él todo el universo regresa a la vida –
mi sensación se esfuma
el descanso del tiempo ha sido cancelado.

Undefeated

The white atlas of your body. Pablo Neruda
Unfolding in season. Margaret Atwood

There is still Spring
in you
flowers blossom
from within your skin.

Some leaves fall, yes
but when I walk over them
the crunching noise
fondles my ears.
Summers are gone
winters lurk
autumn prunes years.

But Spring still prevails each time I survey
the atlas of your body
sense its perfect lines of beauty
feel safe being part of it.

Unrelenting seasons
but you remain intact,
you succeed in crossing over
time's deceitful framework.

You walk away untouched
like a shadow that cannot be harmed,
forever undefeated.

Invicta

El atlas blanco de tu cuerpo. Pablo Neruda
Abriéndose en su estación. Margaret Atwood

La primavera sigue viva
en ti
las flores se abren
desde tu piel.

Algunas hojas caen, sí
pero cuando ando sobre ellas
su sonido crujiente
acaricia mi oído.
Se han ido los veranos
los inviernos acechan
el otoño recorta años.

Mas la primavera se impone cuando observo
el mapa de tu cuerpo
presiento las líneas armoniosas de la belleza
sentirse seguras siendo parte de ti.

Crueles estaciones
pero tú sigues intacta,
logras atravesar
la membrana engañosa del tiempo.

Te alejas intocada
como una sombra imposible de dañar,
siempre invicta.

Getting Up, Getting Ready

Mild morning, if I'm early. Allan Briesmaster

peaceful daybreak
routine resumed
haste to beat the clock

    I'm up early to greet sun
    it is already in the kitchen
    cooking breakfast

        sip of coffee and milk
        hurried sandwich,
        sleepiness sliced on toast

            I yawn down the stairs
            to start my 9 to 5

Levantándome, alistándome

Mañana agradable, si llego temprano. Allan Briesmaster

amanecer tranquilo
me enredo en la rutina
apurado para ganarle al reloj

    me levanto temprano para saludar al sol
    ya está en la cocina
    preparando el desayuno

        sorbo de café con leche
        bocadillo apresurado,
        lascas de somnolencia sobre la tostada

            bajo la escalera bostezando
            para comenzar mi jornada de 9 a 5

Tomorrows

Love that never understands end. James Cockcroft
So is my love still telling what is told. Shakespeare

Give love a beginning
plant and harvest it
over and over again;
nestle it until it grows
                high enough
                strong enough
to endure all and everything
until 'They live happily ever after'
Let it parade under torrential rain
burnt by scorching sun
frightened by lightning
cracking its whip above its head
resisting acute pain
and grieving apathy
to kill poisoning routine.

Furnish love with a sparkplug:
it will ignite itself into a blaze
across unstoppable tomorrows.

Mañanas

Amor que nunca sabe de finales. James Cockcroft
Sigue mi amor diciendo lo ya dicho. Shakespeare

Entrega al amor un comienzo
Plántalo y coséchalo
una y otra vez;
protégelo hasta que crezca
                              bien alto
                              bien fuerte
para que resista todo
hasta el "Viven felices para siempre".
Déjalo desfilar bajo la lluvia torrencial
fustigado por un sol ardiente
asustado por los relámpagos
que chasquean sus látigos sobre su cabeza
resistiendo el dolor agudo
y la apatía acongojada
para matar la rutina venenosa.

Da al amor una bujía:
se convertirá en fuego expandido
sobre indetenibles mañanas.

Nocturnal

In hope my verse shall stand. Shakespeare

I wave my hopes before the night
expect Muse to understand
I need it to assist me
to prompt the best phrase
inspire me with metaphors
and freshness in my pen.
It replies through its black mist
in tongues I can fortunately decipher
pour on voracious paper.
Words bounce enigmatically
off the vast planetary prairie
leaking
            meanings
                      purposes
                                    desires:
the combination to paint
what my soul dictates
under the conjuring night.

Nocturno

Con la esperanza de que perduren mis poemas. Shakespeare

Despliego mis esperanzas ante la noche
aspiro a que la Musa comprenda
que necesito su ayuda
para que me den la frase precisa
me inspiren con metáforas
y frescura en mi lapicero.
Me responde desde su bruma oscura
en lenguas que afortunadamente puedo descifrar
verter sobre un ávido papel.
Las palabras rebotan enigmáticas
desde la inmensa pradera planetaria
goteando
          significados
                    propósitos
                              anhelos:
la combinación para pintar
lo que dicta mi alma
bajo el conjuro de la noche.

Liner

I don't sail the ocean;
it sets sails in me
across my bloody sea
in my marine routes
of sweat and tears
that form rust on the anchor
right inside my bones
it enters my sinewy arms
like a titanic liner
making my dreams
come true.

Crucero

Yo no surco el océano;
él despliega sus velas en mí
a través de mi mar de sangre
por mis rutas marinas
de sudor y lágrimas
que oxidan el ancla
justo dentro de mis huesos
entra a mis brazos enérgicos
como un crucero colosal
haciendo mis sueños
realidad.

Stowaway

Sweeping away the... little shells. Jorge Pérez
The beauty of a conch she'd found in the surf. John B. Lee

A seashell waltzes
in the impatient tide
I can't reach it
it is too evasive, too focused on
dancing in the surf
prancing in its dance.
I give up and sit
daydreaming among seagulls –
something tickles my toes,
the seashell visits me
a stowaway in the high tide.

Polizón

Arrastrando las… pequeñas conchas. Jorge Pérez
La belleza de una concha que encontró entre las olas. John B. Lee

Una concha danza
en la inquieta marea
no puedo alcanzarla
es muy evasiva, está concentrada
en bailar con el oleaje
haciendo cabriolas con su baile.
Me doy por vencido y me siento
soñando despierto entre gaviotas –
algo me hace cosquillas en los pies,
la concha me visita
un polizón en la pleamar.

Weather Forecast

The first... drops of rain. Manuel Velázquez

Minute anticipation
in one isolated water bead.
My senses alert
              – lightning, thunder bolts –

The sky's dams fling open
deluge of raindrops
              fall
           on
                my
                      face:
dashing, gushing, flashing.

Pronóstico del tiempo

Las primeras gotas… de lluvia. Manuel Velázquez

Anticipación microscópica
en una aislada gota de agua.
Mis sentidos alerta
                     – relámpagos, truenos –

Las represas del cielo se abren de golpe
un diluvio de lluvia
               cae
                   sobre
                       mi
                           rostro:
embistiendo, chorreando, relampagueando.

Stars

To touch stars that never burn out. Linda Rogers

I sit in silence
in the quiet streets
lines of people slowly
fade into the night
as I lean over the porch
count the emerging stars
over the horizon.
They never actually left
they were hiding
behind the veil of day
pulsating from afar
sending their messages
in light-year twinkles and blinks.

They wink at me
knowing I expect them after every sunset
when the muse takes over my mind
and I sit in silence
almost hearing the Big Bang echo
through the galaxy,
riding waves of cosmic matter
life in the making:

The seed
the fountain of it all.

Astros

Tocar astros que nunca se extinguen. Linda Rogers

Estoy sentado en silencio
en las tranquilas calles
filas de personas lentamente
se desvanecen en la noche
mientras me inclino en el balcón
cuento los astros que van saliendo
en el horizonte.
Realmente nunca se fueron
estaban ocultos
tras el velo del día
latiendo desde lejos
enviando sus mensajes estelares
en destellos e intermitencias de años luz.

Me hacen guiños
saben que me los espero cada anochecer
cuando las musas atrapan mi mente
y me siento en silencio
casi oyendo los ecos del *Big Bang*
a través de la galaxia,
ondas viajeras de materia cósmica
la vida formándose:

La semilla
la fuente de todo.

Forge of Words

The fire that gives us the words. Linda Rogers

The fire
that makes me pour out
these burning lines
is kindled somewhere
in the dark of night.
Night knows me well
it's seen me gaze and poke
at the throbbing universe
ablaze in unknown things,
I reach out with my hand
to steal its smoldering letters
lay them on my anvil
to hammer out words
like bleeding sparks of light.

Fragua de palabras

El fuego que nos da las palabras. Linda Rogers

El fuego
que me hace verter
estas líneas ardientes
se aviva en algún lugar
en la oscuridad de la noche.
La noche me conoce bien
me ha visto contemplar y provocar
al universo palpitante
resplandeciendo en lo desconocido,
alargo mi mano
para arrebatarle sus letras candentes
ponerlas sobre mi yunque
martillar palabras
como chispas de luz sangrante.

In the Depths of my Mind

Will always be home to me. Richard Grove

Cushioned in the depths of my mind
I travel to my childhood
as scenes zoom in and out.
Mom is in most of them,
dad too, with his long cigars
the aroma is still in my mind
after more than 40 years.
I remember my sister's gentle hand
taking me home from school;
all four sitting at the table for lunch
to an elaborate table setting:
soup dish on top of dinner plate –
soup or potage first
then rice, side dishes
and the main course;
forks, knives and spoons
neatly arranged.
The smoking platters
at the very center,
ladles, skimmers and scoops
floating ice-cubes in chilled-water pitchers;
crystal glasses, napkins.
But most of all amusing conversation
and my mother's tasty cooking
relishing our days…
Wonderful memories
still cushioned in the depths of my mind
my mouth waters;
but my eyes too,
recalling the things I will never see again
nor will I ever touch;
now only fond fading reminiscences
buried deep in my homesick heart.

En los confines de mi mente

Siempre será mi hogar. Richard Grove

Acomodado en los confines de mi mente
viajo hasta mi niñez
mientras las escenas se acercan y se alejan.
Mamá está en casi todas
también papá y sus largos tabacos
su aroma sigue en mi cerebro
después de más de 40 años.
Recuerdo la mano suave de mi hermana
trayéndome de vuelta a casa de la escuela;
los cuatro sentados a la mesa para almorzar
en una mesa puesta con esmero:
los platos para la sopa encima de los platos llanos –
primero la sopa o el potaje
luego el arroz con su guarnición
y el plato principal;
tenedores, cuchillos y cucharas
colocados ordenadamente.
Fuentes humeantes
en el centro de la mesa,
cazos, espumaderas y cucharones
cubitos de hielo oscilando dentro de las jarras de agua helada;
vasos de cristal, servilletas.
Pero por sobre todo conversación amena
y el exquisito arte culinario de mi madre
adornando nuestros días…
Hermosos recuerdos
aún acomodado en los confines de mi mente
mi boca se humedece;
pero también mis ojos,
rememorando las cosas que no veré otra vez
que nunca tocaré;
ahora solo agradables recuerdos desvaneciéndose
escondidos profundo en mi corazón nostálgico.

Friend

A best friend. Richard Grove

What's wrong?
           I feel bad
Stand up.
Here's my shoulder
Take my hand
Walk with me
Count on me!
How do you feel now?
           Much better

Amigo

Un gran amigo. Richard Grove

¿Qué pasa?
      Me siento mal
Aquí está mi hombro
Toma mi mano
Ven conmigo
Cuenta conmigo
¿Cómo te sientes ahora?
      Mucho mejor

For Always

It lasts forever. Deborah Panko
Almost always and forever. John B. Lee

It lasts forever
the hug, the caressing hand, the kiss
it stays with us forever;
that which gives meaning to this.
It moves along
nurturing our very soul
a stream of us both
in balance towards one goal.
It always heals
the company, the being here
the you and me
the shielding from our fear.
It lasts, the pleasure
the always there for you, for me
it fills the heart
with offerings of infinity.

Para siempre

Es para siempre. Deborah Panko
Casi siempre y para la eternidad. John B. Lee

Es para siempre
el abrazo, la mano que acaricia, el beso
se queda con nosotros para siempre
aquello que le da sentido a lo nuestro.
Avanza
nutriendo nuestra alma
un río de ambos
en equilibrio hacia el fin.
Siempre sana
la compañía, estar aquí
el tú y yo
el resguardo contra los temores.
Perdura, el placer
el estar siempre para ti, para mí
colma el corazón
con ofrendas de eternidad.

Loss

It will probably take a week. Graham Ducker
Consumed by infinite emptiness. Tracy Lynn Repchuk
The missing and the loss. Stella Ducker

Recovery from loss
may take time or no time at all.
Twenty four hours
              – 24 years –
a lifetime
half your heart
              – or your whole heart.
Time punctures you
with the sharpened minutes that parade
red dots in digits, digits, digits…
Recovery from loss
may take a week, a month
a second's fraction
              – or it may take
no recovery at all
when the recalcitrant scar throbs
and refuses to fade
eats at your skin
at your psyche.
Time heals, they say,
the searing void
that deprives you of the physical presence
to leave you senselessness
anger, psychological bleeding
irreparable loss.

Irrecoverable loss.

Pérdida

Quizás dure una semana. Graham Ducker
Devorado por un vacío infinito. Tracy Lynn Repchuk
La nostalgia y la pérdida. Stella Ducker

Recuperarse de una pérdida
puede llevar tiempo o nada de tiempo
veinticuatro horas
                     — 24 años —
toda la vida
tu medio corazón
                     — o tu corazón entero.
El tiempo te aguijonea
con los minutos afilados que desfilan
puntos rojos dígitos, dígitos, dígitos...
Recuperarse de una pérdida
puede llevar una semana, un mes
una fracción de segundo
                     — o puede no haber
recuperación alguna
cuando la cicatriz recalcitrante hinca
y se niega a desaparecer
carcome tu piel
tu psiquis.
Dicen que el tiempo cura,
el vacío quemante
el que te priva de la presencia física
para dejarte el sin sentido
la rabia, el desangrado psicológico
la pérdida irreparable.

La pérdida irrecuperable.

When I Breathe

And when I breathe. Lisa Makarchuk

When I breathe
I spell the name
that comes with you.
        The scent of fertile land
        the sound of jingle bells
        the taste of a dawn I savor on my lips
        the touch of fresh fruit
        plucked just for me.
I can barely breathe
before the seashells of your breasts,
and I seek the oxygen you offer
to my words
and desires
        so I can breathe.

Cuando respiro

Y cuando respiro. Lisa Makarchuk

Cuando respiro
deletreo
el nombre que te acompaña.
                      Olor a tierra fértil
                      sonido de cascabeles
                      sabor al alba que degusto en mis labios
                      tacto de fruta fresca
                      deshojada para mí.
Casi no puedo respirar
ante las caracolas blancas de tus senos,
y busco el oxígeno que das
a mis palabras
y deseos
            para poder respirar.

Ninety

Reminder of... Merle Amodeo

I hated my poems
        – at least the last ninety –
they reminded me of us.
I wanted to confront them
delete the words I wrote
when we were together,
tear the printed pages
into ninety pieces each
and forget all about you.

        But then
        I would have hated myself
        ninety times.

Noventa

Un recordatorio de... Merle Amodeo

Odiaba mis poemas
        – al menos los últimos noventa –
me recordaban a nosotros.
Quería enfrentarme a ellos
borrar las palabras que escribí
cuando estábamos juntos,
romper las páginas impresas
en noventa pedazos cada una
y olvidarte completamente.

        Pero entonces
        me hubiera odiado a mí mismo
        noventa veces.

What I Imagine

Leaving me to imagine. George Fetherling

flimsy nightie
sudden flash
swaying hip
sexy eyelash

                perfumed bedroom
                absent light
                suggestive candles
                promising night…

Lo que imagino

Dejándome que imagine. George Fetherling

camisola transparente
anticipo relampagueante
vaivén de caderas
pestañas sensuales

                    habitación perfumada
                    ausencia de luz
                    velas sugerentes
                    noche que promete…

Avalanche

Baring me. Cornelia Hoogland
Down the roads of your body. Pablo Neruda

There's magic
in your inviting word
it crosses the few inches
that separate
your warm skin
from my alert flesh.
It bares me
covers the conquered inches
melts divinely
into groans and whispers
no one but us
can hear
or translate...
                Sleight of hand.
                Avalanche of love...

Avalancha

Desnudándome. Cornelia Hoogland
Por los caminos de tu cuerpo. Pablo Neruda

Hay magia
en tu palabra sugerente
cruza las mínimas pulgadas
que separan
tu piel tibia
de mi carne expectante.
Me desnuda
cubre las pulgadas ya vencidas
se derrite divina
en gemidos y murmullos
que solo nosotros
podemos oír
o traducir...
                Prestidigitación.
                Avalancha de amor...

To not Let You Go

To my daughter, Amanda
To feel the presence of the other. Glen Sorestad
But you are here. Pablo Neruda

When you leave
a part of you stays with me
it endures steadily
as a reminder that you have remained.
I can still hear you breathing
I can still pick the scent of your skin
the warm indentation of your body
on the bed where you slept
and feel on my cheek the tickling
of your good-bye kiss.
I can still touch the crystal wake of your silhouette
crossing the threshold,
when you leave you are as much a part of me
as when you are here,
and I cling to your constant memory
to your clear-cut image
that I clone time and again
to not let you go.

Para no dejarte ir

A mi hija, Amanda
Sentir la presencia del otro. Glen Sorestad
Pero estás tú. Pablo Neruda

Cuando te vas
algo de ti se queda conmigo
resiste constante
como un recordatorio de que tú te has quedado.
Puedo oír todavía tu respiración
Puedo captar todavía el aroma de tu piel
la marca tibia de tu cuerpo
sobre la cama en que dormiste
y sentir en mi mejilla el cosquilleo
de tu beso de despedida.
Puedo tocar todavía la estela cristalina de tu silueta
cruzando el umbral,
cuando te vas eres tan parte de mí
como cuando estás a mi lado,
y me aferro a tu recuerdo inseparable
a tu imagen nítida
que clono una y otra vez
para no dejarte ir.

When They Met

I told you about sunsets. Margaret Atwood
As so many do when they read poetry. Kimberley Grove

When they met
she filled the space that longed
to be filled
she clotted his bleeding
she eased his pain
using her hands
using her soothing gestures
deploying virtues
to conquer what was needed
to be conquered.
He opened a book of poems
read for her
about serene sunrises in a woman's pupils
read for her
about promising afterglows,
and her eyes flapped
and lit in the nightfall.

Cuando se conocieron

Te hablé de los ocasos. Margaret Atwood
Como hacen muchos cuando leen poesía. Kimberley Grove

Cuando se conocieron
ella colmó espacios en él
que anhelaban ser colmados
cubrió su sangrado
alivió su dolor
usando sus manos
usando sus gestos sedantes
desplegando virtudes
para conquistar lo que necesitaba
ser conquistado.
Él abrió un libro de poemas
leyó para ella
sobre amaneceres serenos en las pupilas de una mujer
leyó para ella
sobre crepúsculos prometedores,
y los ojos de ella parpadearon
y se encendieron junto al anochecer.

Epitaph

Tombstones steal the flowers. Miguel Olivé
Judge not. Mathew 7:1
The hundreds of leaves. Kimberley Grove

I cannot judge you for what you did
I cannot send you to Dante's Inferno
as punishment,
I should've told you more to stop
what you were doing.
You were so naïve
you thought you were in Heaven
living what you called *your* way of life
your curves exploding under those clothes
that imprisoned your body – and your mind.
I cannot pin all the blame on you alone
friends and family let you fly in the wings
of sparkles and bank notes;
I should've yanked you from that world
of red lipstick smiles, pink beds
and money deposits.
I could not save you: you went too far
my voice failed to reach your heart
you could not hear me and Doomsday
hit like a blitzkrieg
sweeping off your make-up beauty
your curves, your lucky charms.
But I can pity you in silence now,
                the wrinkled face
                the needle-bit legs
                the falling hair
                the dying spirit
                the tears of blood and helplessness.

I can pity you in silence now
as I come and visit
and remember you withering
slipping inexorably into that pit
that never forgives.
I pity you today
and when they buried you six feet
under ground in a sealed coffin
faded sparkles beneath
the vast pad of collecting leaves
facing the in-crescendo line of rented cars.

Epitafio

Las lápidas se roban las flores. Miguel Olivé
No juzguéis. Mateo 7:1
Cientos de hojas. Kimberley Grove

No puedo juzgarte por lo que hiciste
no puedo enviarte al Infierno de Dante
como castigo,
debí haberte dicho más que detuvieras
lo que estabas haciendo.
Fuiste tan ingenua
te creíste que estabas en el cielo
viviendo lo que llamaste *tu* modo de vida
tus curvas explotando bajo esas ropas
que aprisionaban tu cuerpo – y tu mente.
No puedo culparte a ti sola
amigos y familia te dejamos volar en las alas
de lentejuelas y dinero;
debí haberte arrancado de ese mundo
lleno de sonrisas con rojos creyones de labio, lechos rosados
y depósitos de banco.
No pude salvarte: fuiste demasiado lejos
mi voz no logró llegar a tu corazón
tú no pudiste oírme y la hora del Juicio Final
te golpeó como un rayo
llevándose tu belleza maquillada,
tus curvas, tus amuletos de la suerte.
Pero puedo compadecerme de ti ahora en silencio,
                tu rostro arrugado
                tus piernas devoradas por los pinchazos
                tu pelo cayéndose
                tu espíritu desfalleciente
                tus lágrimas de sangre y desamparo.

Te puedo compadecer ahora en silencio
cuando vengo y te visito
y recuerdo como te marchitabas
cayendo irreversiblemente hasta el fondo
que nunca perdona.
Te compadezco hoy
y cuando te enterraron seis pies
bajo tierra en un ataúd sellado
lentejuelas descoloridas bajo
el extenso tapiz de hojas aglomeradas
delante de esa creciente fila de carros rentados.

The Call

Just for me, just this one. Ron Smith

It is somewhere
The brittle peace we seek
It is out there
Among the humble and the meek.
Veiled by rush
Rusted by time and age
Concealed in the quiet hush
Or drowned in consuming rage.

We need it, we need
To put our minds at ease
To shelter from gnawing greed
To give our life a new lease.
It is out there
For you, for me, for all
The fragile lifeware
The once-in-a-lifetime call.

El llamado

Solo para mí, al menos éste. Ron Smith

Está en algún lugar
La quebradiza paz que buscamos
Está allá afuera
Entre los bondadosos y los humildes.
Escondido en la prisa
Oxidado por el tiempo y la edad
Disimulado en el sereno silencio
O ahogado en la arrolladora cólera.

Lo necesitamos, necesitamos
Dar tranquilidad a nuestras mentes
Protegernos de la avaricia que corroe
Darle otra oportunidad a nuestras vidas.
Está allá afuera
Para ti, para mí, para todos
La porcelana frágil de la vida
El llamado que llega solo una vez.

Lingering Shadows

Getting back home. Al Purdy

Southbound on a bus home I see
frozen pictures where the land meets the sky,
illusions of stillness
zigzagging hills against a background
of history.
Eyes squinted, I marvel
glorious images that spatter under the sun
a mixture of the past filters into
this moment when I return home,
a bunch of days burnt out since I was last here
a pack of dreams I set out to chase,
young and daring:
now mature and cautious
watching places long gone
reminiscing faded times.
Same old houses, people; some departed
or departing – the young and the daring –
my birth home, warm
decked with memories like lingering shadows
that refuse to leave the rooms,
a momentary flash:
my beloved ones by the corner
a forgotten marble yawns in the dusty patio,
eager ants march in line
take away crumbs of stale bread.
Moments to recall yesterday,
a prayer to mom and dad.
Alas, I must move on.

Sombras persistentes

De regreso a casa. Al Purdy

Rumbo al sur en un autobús a casa contemplo
imágenes congeladas donde la tierra se funde con el cielo,
ilusiones de inmovilidad
colinas serpenteantes sobre un trasfondo
de historia.
Con ojos entrecerrados, me maravillo,
imágenes gloriosas que relumbran bajo el sol
combinaciones del pasado van penetrando
este momento en que regreso a casa,
un tropel de días ya esfumados desde que estuve aquí
un montón de sueños que salí a buscar,
joven y osado:
ahora maduro y cauteloso
viendo lugares inexistentes desde hace tiempo
recordando instantes ya lejanos.
Las mismas viejas casas, la misma gente; algunos partieron
otros parten ahora – los jóvenes y osados –
mi hogar de nacimiento, cálido
decorado con recuerdos como sombras persistentes
que se niegan a abandonar las habitaciones,
un destello momentáneo:
mis seres queridos en un rincón
una canica olvidada bosteza en el polvoriento patio,
hormigas ansiosas marchan en línea
se llevan un migajas de un viejo pedazo de pan.
Minutos para recordar el ayer,
una plegaria a mamá y papá.
Desafortunadamente, debo seguir adelante.

A Saga of Proud Colors

To Bayamo, my hometown, the foundry
Still bloodied palm groves. Ronel González
Harken the sound of the bugle. Bayamo Anthem

Bayamo called out, Cuban patriarchs
summoned to *the* battle where races would melt
would shake off the gloomy image of shadows
waking up to their black fate
crying the black cry of black cabins
shuffling their shackles
under the foreman´s whip towards the sun-bit fields
their machetes sharpened with pain and humiliation
their minds recalling who they were before
wondering why it all happened.
Kings and queens uprooted from their far homeland
turned into slaves to produce sweet sugar
to serve their masters, fill their chests with gold
feed the dark corners of history,
forced to sate the lust of the white *Señorito* (*)
raping the virgin ebony beauty
over and over again – justice blindfolded
and deaf; and white.
Battle started, a search for redemption,
a blessed mixing of black and white and plus for a higher cause,
machetes transformed into weapons up in airs of freedom
down slitting *señoritos* and slavery in two
forging the colors of their own lives.
Bayamo rose up to lead the saga
patriarchs and slaves as patriots
black, white, grey

aboriginal, Asian melting pot: Creole offspring
generous blood spilt on the burnt cane fields
blue sky witness to confrontations
that defined the foundational moment,
old cries grown into an anthem
one flag to accompany the *mambises* (*)
embrace the martyrs
and show the nation´s brand new status:
a saga of proud colors.

(*) Poet´s Note: Señorito, form of addressing the son of a Cuban 19th Century hacendado; Mambises, Cuban 19th Century patriots who fought Spanish colonialism

Una saga de orgullosos colores

A Bayamo, mi pueblo natal, la forja
Palmares aún sanguinolentos. Ronel González
Del clarín escuchad el sonido. Himno de Bayamo

Bayamo llamó, patriarcas cubanos
convocados a *la* batalla donde se fundirían las razas
se sacudirían la lóbrega imagen de sombras
despertando a su negro destino
clamando con el negro grito de las negras barracas
arrastrando sus grilletes
bajo el látigo del capataz hasta los campos castigados por el sol
sus machetes afilados con el dolor y la humillación
sus mentes recordando quiénes eran antes
preguntándose por qué sucedió todo.
Reyes y reinas desarraigados de su lejana patria
convertidos en esclavos para producir dulce azúcar
para servir a sus amos, llenar sus cofres con oro
alimentar las márgenes oscuras de la historia,
forzados a saciar la lujuria del Señorito blanco
violando a la virgen beldad de ébano
una y otra vez – la justicia ciega
y sorda; y blanca.
Batalla iniciada, la búsqueda de la redención,
una mezcla bendita de negro y blanco y más por una causa suprema,
los machetes devenidos armas alzadas en los nuevos aires de libertad
dejados caer cortando señoritos y esclavitud en dos
forjando los colores de sus propias vidas.
Bayamo se levantó para liderar la saga
patriarcas y esclavos como patriotas
crisol negro, blanco, gris

aborigen, asiático: descendencia criolla
generosa sangre derramada sobre los campos de caña quemada
cielo azul testigo de los enfrentamientos
que definieron el momento fundacional,
antiguos gritos devenidos himno
una bandera para acompañar a los mambises
abrazar a los mártires
y mostrar el nuevo estatus de la nación:
una saga de orgullosos colores.

Picture

To Ray and Angela Fenech, my Maltese brother and sister

I dearly watch a picture of you two
the stunningly beautiful woman
the handsome man
Buddy in between
creating that special bond where love fuses
and makes it all possible.

No matter what – or who –
you are happy now
enjoying what Life decided you deserve;
but then you two add the missing parts
connect the dots putting into it
sweat and tears and blood
and unfailing courage,
making it a roller skating trip
across time and space and those you love.

I dearly watch the picture
the joyful looks, the invisible link
that has brought you here
bumpy road, generous gentle turns
to ease you through
lead you to to-day
and to me,
so I can give you these humble lines
from poet to Poet.

Fotografía

A Ray y Ángela Fenech, mi hermano y mi hermana malteses

Miro con cariño una foto de ustedes dos,
la mujer impresionantemente hermosa
el hombre apuesto
Buddy en el medio
forjando ese vínculo especial donde el amor se funde
y todo lo puede.

No importa qué – o quiénes –
ahora son felices
disfrutan lo que la Vida decidió que merecen;
pero ustedes le adicionan las partes que faltan
unen los puntos poniéndole
sudor y lágrimas y sangre
y coraje inagotable,
convirtiéndolo en un viaje en patines
a través del tiempo, el espacio y los seres queridos.

Miro con cariño la foto
las miradas alegres, el nexo invisible
que los ha traído hasta aquí
camino tortuoso, giros generosos suaves
para que fuera menos duro
para guiarlos hasta hoy
y hasta mí,
para que yo pueda darles estas humildes líneas
de poeta a Poeta.

Early Morning Chat

To Tai and Kim, my Canadian friends-of-kin
So what is snow like? Kimberley Grove

According to Cuban standards
today (Sunday, August 6th, 2017, 05:13 a.m.)
has arrived in winter wear,
a grey wee-hour shroud covers the sky
light drizzling toys with the wind;
I can feel it on my skin, the welcome cool breeze
that somehow harnesses Summer
before the sun slides into stage
and robs me of the fleeting reminiscences of a Cuban winter.
I wonder what you guys are doing up in Canada right now
in the *Jack London* winter
the winter that solidifies
any drop of liquid before it reaches the ground,
the *crystalline snow falling*
the *Arctic scene* and *snow drift climbing* with *iceberg swans*
that *illusion of sugar covering the earth*
and you two *up to* your *knees in the lake,*
too cold for swimming in the *fear that* you *become*
frozen sculptures
under the *granular shower of blinding snow.*
I had often wondered what snow was like
until I read Kim's poem *Snow*:
my parents used to tell me that it was like the frost
that coated the old Westinghouse chillers
we had at home back in the 70s
not that they *really* knew what it was,

grated glittering ice crystals
when the fridge light was on
my curious hands sneaking in, freezing slowly
buried in my parents´ definition of snow,
then quickly pouring handfuls of it on my sun-bit shoulders
quivering and laughing playfully…
I wonder what you guys are doing up in Canada right now –
Oops! the sun is up:
the glorious Cuban winter minutes
thaw up in its flare
memories and my good state of mind are dashed
with the arrival of this August
in full-blast Summer heat.

Charla temprano en la mañana

A Tai y Kim, mis amigos-familia canadienses
Y entonces ¿cómo es la nieve? Kimberley Grove

Según los estándares cubanos
el día de hoy (domingo, 6 de agosto del 2017, 5:13 a.m.)
ha amanecido con ropa de invierno,
un tempranero manto gris cubre el cielo
una ligera llovizna juguetea con el viento
puedo sentirla en mi piel, la bienvenida brisa fresca
que de alguna manera le pone riendas al verano
antes que el sol entre en escena
y me arrebate los restos efímeros de un invierno cubano.
Me pregunto qué están haciendo ustedes ahora mismo allá en Canadá
en ese invierno a lo *Jack London*
el invierno que solidifica
todo líquido antes que toque el suelo,
la *cristalina nieve cae*
la *escena Ártica* y *la creciente nieve* con *cisnes de hielo*
esa *ilusión de azúcar que cubre la tierra*
y ustedes dos *hasta las rodillas en el lago,*
demasiado frío para nadar en él y *temen convertirse*
en estatuas heladas
bajo la *lluvia granulosa de la nieve enceguecedora.*
Muchas veces me pregunté cómo era la nieve
hasta que leí el poema de Kim, *Nieve*:
mis padres me decían que era como la escarcha
que cubría los viejos congeladores Westinghouse

que teníamos en casa en los 70
no es que *realmente* supieran lo que era,
cristales de hielo rallado que brillaban
cuando se encendía la luz del refrigerador
mis manos curiosas escabulléndose dentro, congelándose lentamente
enterradas en la definición de nieve de mis padres,
y echándola rápido sobre mis hombros quemados por el sol
mientras yo temblaba y me reía pícaramente…
Me pregunto qué están haciendo ustedes ahora mismo allá en Canadá –
¡Vaya! salió el sol:
los minutos de gloria del invierno cubano
se derriten en su fulgor
los recuerdos y mi buen estado de ánimo quedan destruidos
con la llegada de este agosto
trayendo un potente calor de verano.

After-Love Poem

To Merle Amodeo
Give the poet time to enchant you. Merle Amodeo

I've read every line you've written
they have taken me into a space where I tremble
while I twist your poems around trying to find
some hidden message for lovers
or nooks and crannies where you are
and I can sneak right in to meet you.
Sorry about this poem, I´m the fan
of your words reaching me
I'm caught in your characters´ plot:
I love you, I betray you, I leave you
then I miss you, get drunk
run to the arms of a next one
to forget the taste of you, love, my last one
but my heart dictates otherwise
I ache for your *magic way*
tumble, fall back in love with you
try to get around you *with red roses*
play the Casanova role.
Knowing *how you feel about poetry*
I scribble an *after-love* poem
about your un-*in absentia*
a simple poem where you
forgive me for almost everything
as we tread into that space
where I *hold you forever*
we tremble together
and I kiss you *till you shiver*. I promise
I'll never ask for more.

Poema después del amor

A Merle Amodeo
Dale tiempo al poeta para hechizarte. Merle Amodeo

He leído cada línea que has escrito
me han llevado a un lugar donde tiemblo
mientras enrosco tus poemas tratando de hallar
algún mensaje escondido para los amantes
o rincones y esquinas donde tú estés
y yo pueda meterme para encontrarme contigo.
Discúlpame por este poema, soy el admirador
de tus palabras que me llegan
estoy atrapado en la trama de tus personajes:
Te amo, te traiciono, te abandono
luego te extraño, me emborracho
corro a los brazos de la próxima
para olvidar tu sabor, amor, mi último
pero mi corazón me ordena otra cosa
ansío tu *manera mágica*
tropiezo, vuelvo a enamorarme de ti
*trato de conquistar*te *con rosas rojas*
hago de Casanova.
Sabiendo *lo que sientes sobre la poesía*
garabateo un poema *después del amor*
sobre tu no-*ausencia*
un simple poema donde tú
me perdonas por casi todo
mientras entramos a ese lugar
donde te *abrazo eternamente*
temblamos juntos
y te beso *hasta* que *te estremeces*. Prometo
que nunca pediré nada más.

Witness of Dawn 99

I want to hold this moment. Norma West Linder
At the center of night. James Deahl
A bucket of darkness. James Deahl

5 a.m. face of night
oozes
      humid cold
cricket-pierced
echoes of gypsy cars in the Avenue
silhouettes of early risers
on the street.
Tall buildings
crack the sky's virginity
                  still
in the stillness of the hour
street lamps and arms of
antennas lift the weight of shadows
    rotate
        towards dawn
             s-l-o-w-l-y
a breech in the heart of night
              slit bottomless darkness
to bring forth
daybreak.
    I smile
        witness to the cycle
I hold the moment, breathe it in
step from my window –
back
    to reality.

Testigo del alba 22

Quiero atrapar este momento. Norma West Linder
Al centro de la noche. James Deahl
Un tropel de oscuridad. James Deahl

La noche con rostro de 5 a.m.
fluye
       húmeda fría
traspasada por los grillos
ecos de carros gitanos en la Avenida
siluetas de gente madrugadora
en la calle.
Altos edificios
resquebrajan la virginidad del cielo
                                     quietos
en la quietud de la hora
lámparas y brazos de
antenas levantan el peso de las sombras
      rotan
            hacia el alba
                  l-e-n-t-a-m-e-n-t-e
una grieta en el corazón de la noche
                      infinita oscuridad desgarrada
para entregar
la aurora.
          Sonrío
               testigo de la transición
atrapo el momento, lo absorbo
me alejo de la ventana –
de regreso
         a la realidad.

Freedom

Upon the shore beside my wave-lapped feet. Norma West Linder
The lift and lag of an anvil sea. James Deahl

elfish winds
awaken sea and sand
                           again
in my recollections
of dear things

salty aroma
             hot grains under
my feet
free-flowing water canvas
                           tireless ripples
reach the shoreline
foamy language left behind
after ocean tongues lap
the perennial wetness of the beach

Aeolus sets sails
back and
          forth   – mighty prankish
children's ball abducted
carried from surf to surf
                      out
                         away
bounced against rock
whisked off into a deep blue
                          freedom…

Libertad

En la orilla junto a mis pies bañados por las olas. Norma West Linder
El ir y venir de un mar de bigornia. James Deahl

vientos juguetones
despiertan mar y arena
                                  otra vez
en mis recuerdos
de cosas queridas

aroma salado
                      granos calientes bajo
mis pies
lienzo de mar indetenible
                              ondas incansables
llegan a la orilla
quedan frases burbujeantes
luego que las lenguas del océano besan
la humedad perenne de la playa

Eolo despliega las velas
                        hacia delante y
      hacia atrás   – poderoso travieso
la pelota de los niños raptada
llevada de ola en ola
                    afuera
                          lejos
rebotada contra la roca
arrastrada hasta la azul oscura
                              libertad…

End of Year

As we drove home. Norma West Linder
On the road... from... James Deahl

Over 60 year old Main Road to my hometown
           SW from Holguín
is getting old
      and senile
black patches here and
              there
keep it useful
potholes offer rain water
collected during the night
              now splashed on
the bus's windscreen
vendors on the left side of the road
their acrobatics advertise
cheap and high-quality! cheap and high-quality!
      red tomatoes
        cassava (they say it cooks well)
     a riot of colors of pepper
no meat (probably ran out of it
in this end of year buying frenzy),
the bus driver stops, grabs a bag
gets off not without warning
          no one else, only me, we're in a hurry!
we look through the window
and   w   a   i   t   as he haggles over prices
    cheap has become outrageously expensive
    something is off with *high-quality* –
he smokes a cigarette
            generously returns
to drive us
      home

Fin de año

Camino a casa. Norma West Linder
En el camino… de… James Deahl

La Carretera Central de más de 60 años hasta mi pueblo natal
                   al suroeste de Holguín
se está poniendo vieja
      y senil
parches negros aquí y
               allá
la mantienen útil
baches ofertan agua de lluvia
recogida durante la noche
                     ahora salpicada
contra el parabrisas del autobús
vendedores a la izquierda del camino
sus piruetas anuncian
¡baratos y de primera! ¡baratos y de primera!
        tomates rojos
        yuca (dicen que se ablanda bien)
        una explosión de colores de ají
no hay carne (tal vez se les acabó
en esta locura de compras de fin de año),
el chofer se detiene, toma un bolso
se baja no sin antes advertir
               ¡nadie más, solo yo, estamos apurados!
miramos por la ventana
  y   e s p e r a m o s en lo que regatea precios
lo barato se ha vuelto ofensivamente caro
algo no anda bien con lo *de primera* –
fuma un cigarro
            regresa generosamente
para llevarnos
        a casa

I Listen

Where the waves slap rainbow spray. Norma West Linder
Sea runs to salt beach. James Deahl

my beach awakens
                     for me
ancient wet yawn
non-stop carving of the rocks
laps the sleepy sand
                     then a rumble
sun cuts through
its glass ripples –
               suddenly
sea rainbow flashes
depths brim with life
    flow
    reveal themselves to me
coral reefs speak in salt language

I listen
    open mouthed

Escucho

Donde las olas arrojan espuma de arco iris. Norma West Linder
El mar se lanza a la playa salada. James Deahl

mi playa se despierta
                        para mí
antiguo bostezo húmedo
incesante desgaste de la roca
besa la soñolienta arena
                            entonces un fragor
el sol atraviesa
sus ondas de cristal –
                      de repente
un arco iris marino relumbra
las profundidades rebosan de vida
              fluyen
      -          se revelan a mí
los arrecifes coralinos hablan en lenguas de sal

escucho
        boquiabierto

Enter my Kiss

This warm flesh song. James Deahl
The silver night sent starshine. Norma West Linder

rain of starlight
streams in
        through the blinds
darkness follows suit; a swan of shadows
moon's partner
silver/jet cabrioles
for these wakeful eyes of mine

nude warm silhouette
decorates the bed
              unaware
of star ballets, lakes
   my eyes
        – enter my kiss

A escena mi beso

Esta canción de la carne tibia. James Deahl
La noche plateada envió brillo de estrellas. Norma West Linder

lluvia de luz estelar
irrumpe
        por las persianas
le sigue la oscuridad; un cisne de sombras
pareja de la luna
cabriolas plateadas/azabaches
para estos insomnes ojos míos

silueta desnuda tibia
adorna la cama
              sin percatarse
de ballets sidéreos, lagos
    mis ojos
           – a escena mi beso

Shapes

kodak afternoon sky
its end line propped by
                 rolling cordillera
proud ships of clouds
adrift in the skymap
prows pointed upwards/downwards
                     towards a beyond
cotton floats perhaps
pageant of white sugar
                     rightwards, a long
mystic horned fish preying on the city
fluffed streaks
like sitting lions
     tents, gliding birds, butterflies
         – infinite shapes –

     tired clouds
     alight on a host hill
fish become snakes, lions are balls now
floats are dinosaurs, ships are grey-silvery lines

they moisten a crowd of trees and shrubs
             beneath them
     ceiba, cedar, eucalyptus, pines, coffee
in return they get the tickle of their flowers
             and
change shapes, incessant haphazard
metamorphoses
                     often, sadly
unnoticed to us

Formas

memorable cielo vespertino
su línea fronteriza apuntalada por
                          una ondulante cordillera
orgullosos veleros de nubes
a la deriva en el mapa del cielo
proas apuntando arriba/abajo
                          hacia un más allá
carrozas de algodón tal vez
un desfile de blanca azúcar
                          a la derecha, un largo
místico pez con cornamenta acechando la ciudad
bandas esponjosas
parecidas a leones echados
       tiendas de campaña, aves planeando, mariposas
          – formas infinitas –

    nubes cansadas
       se posan sobre una colina anfitriona
los peces se vuelven serpientes, los leones son pelotas ahora
las carrozas son dinosaurios, los veleros son líneas gris-plateadas

humedecen una multitud de árboles y arbustos
                 debajo de ellas
         ceiba, cedro, eucalipto, pinos, café
de vuelta reciben el cosquilleo de sus flores
             y
cambian sus formas, indetenibles improvisadas
metamorfosis
                   casi siempre, tristemente
sin darnos cuenta

Rainy Season

rainy season comes
showering
auspicious

a s t r i n g of transparent threads
creates a liquid mirage

they randomly
surrender to gravity

I look out the window
cold restless drops land on the blinds
ricochet on my face

but I let them be

they freshen my skin
           my thoughts
           my hopes

Temporada de lluvias

la temporada de lluvias llega
derramándose
prometedora

una h i l e r a   de hebras transparentes
crea un espejismo líquido

al azar
se rinden a la gravedad

miro por la ventana
gotas frías inquietas caen sobre las persianas
rebotan en mi cara

pero las dejo tranquilas

refrescan mi piel
        mis pensamientos
        mis esperanzas

Silence

To Rolando, my brother-in-law, in memoriam

Silence is an omen
it alights slowly upon you as time ticks away.
It already vanquished your sunlight
                  reddish, agonizing, waving good-bye
in a million delicate hues.
Silence enshrouds you – next
a misty wordlessness
that descends like dust
upon things and people
engulfing even your thoughts that fade
and glint gradually down
to a hardly discernible breath of life
to a feeble wheeze of awareness.
Silence
        grey and ancient
        cosmic and cell-deep
broken for a pale instant
by the echo of noise you make; but it vanishes
then silence envelops you
seeps inexorably on…

In the end
utter, heavy, crushing silence.

Farewell, brother.

Silencio

A Rolando, mi cuñado, in memóriam

El silencio es un presagio
se posa lentamente sobre ti mientras el tiempo pasa.
Ya derrotó la luz de tu sol
                    rojiza, agonizante, diciendo adiós
en un sinfín de frágiles matices.
El silencio te envuelve – lo que sigue
es un mutismo nebuloso
que desciende como el polvo
sobre las cosas y la gente
cubriendo incluso tus pensamientos que se agostan
y poco a poco pierden su brillo
hasta quedar en un hálito casi imperceptible de vida
en un quebradizo aliento de conciencia.
El silencio
          gris y antiguo
            cósmico y profundo hasta la célula
roto en un fugaz instante
por el eco de algún ruido que haces; pero se desvanece
entonces el silencio te envuelve
se escurre inexorablemente…

Al final
un absoluto, opresivo, aplastante silencio.

Adiós, hermano.

Deep into the Ocean

Depths of the ocean mass. Jorge Pérez

Deep
I plunge
to touch the bottom of the ocean
dive into its healing power.

I cross huge masses of water
a symphony of sounds
                         aromas
                                    colors
a magnetism that traps me
takes me into the depths…
                         … but I return
                         safe, loyal

                           renewed.

Profundo en el océano

Las profundidades del océano. Jorge Pérez

Profundo
me zambullo
para tocar el fondo del océano
sumergirme en su poder curativo.

Atravieso enormes masas de agua
una sinfonía de sonidos
                        olores
                                  colores
un magnetismo que me atrapa
me lleva al fondo…
                … pero regreso
                salvo, leal

                renovado.

Witness of Twilight

sun tires daily
                longevity eclipses its helium blaze
                in a light-year-long burnout
today´s deadline has expired:
westerly red ball of fire
scorching the horizon
                        inched withdrawal
                        crackling sunset
                        sizzling strife vs. Chronos
twilight sun
procession of millennia not even *it* can escape

I am a blessed witness of the hour
conquering shadows
blanket of night
                commanding over bustle and noise
translating them into star language
unlocking an onrush of 3-D sounds

                nightfall

Testigo del crepúsculo

el sol se fatiga diariamente
      la longevidad eclipsa su resplandor de helio
      en un desgaste de años-luz
el plazo de hoy ha expirado:
roja bola de fuego hacia el oeste
chamuscando el horizonte
          retirada parsimoniosa
          chisporroteante puesta de sol
          crepitante lucha contra Cronos
sol crepuscular
peregrinación de milenios que ni siquiera *él* puede evadir

soy bendecido testigo de la hora
sombras vencedoras
manto de la noche
      comandando sobre el ajetreo y el ruido
traduciéndolos en lenguaje de estrellas
liberando una avalancha de sonidos en 3-D

        anochecer

About the Author, Miguel Ángel Olivé Iglesias

Miguel Ángel Olivé Iglesias is member, Editor-in-Chief of the Canada Cuba Literary Alliance (CCLA) and its President in Cuba. He also does translation, proofreading, reviewing and revision for the CCLA, along with compilation and anthologizing. He is a member of the Mexican Association of Language and Literature Professors, VP of the William Shakespeare Studies Center and member of the Canadian Studies Department of the Holguín University in Cuba.

Born in 1965 in Bayamo, Cuba, he travelled to Holguín City in 1977 for his Junior, Senior High and College studies. Today he is an Associate Professor at the University of Holguín, with a Bachelor's Degree in Education, Major in English, and a Master's Degree in Pedagogical Sciences.

He has been teaching for over thirty years and writing reviews, poems and stories in Spanish and in English. Miguel has written and published numerous academic papers in Cuba, Mexico, Spain and Canada. So far he has published fifty-two poems, three short stories and six critical reviews of poetry books and novels in different issues: *The Ambassador*, official flagship of the CCLA; *The Envoy*, official newsletter of the CCLA; The Bridges Series Books, published by Hidden Brook Press and Sand-Crab Books; Adelaide Group in New York, and other anthologies by Hidden Brook Press and SandCrab Books. His themes touch mostly upon women, people, life, family, love, nature, and human values.

The author is currently involved in many CCLA projects. He works in the Teacher Education English Department as a professor of English and English Stylistics. He is also Head of the English Language Discipline. He uses his academic papers, essays, stories and poems in class for reading, debating and practicing the language, adding a didactic and formative element to his scientific and literary production. He also does poetry reading in on-campus and community activities.

Sobre el autor,
Miguel Ángel Olivé Iglesias

Miguel Ángel Olivé Iglesias es miembro, Jefe editor de la Alianza Literaria Canadá Cuba (ALCC) y su Presidente en Cuba. Traduce, realiza correcciones, reseñas y revisiones para la ALCC, además de compilación y preparación de antologías. Es miembro de la Asociación de Profesores de Lengua y Literatura de Méjico, Vicepresidente del Centro de Estudios William Shakespeare y miembro del Departamento de Estudios Canadienses de la Universidad de Holguín, Cuba.

Nació en Bayamo, Cuba, en 1965, luego viajó a la Ciudad de Holguín en 1977 para sus estudios medios y superiores. Hoy es Profesor Auxiliar de la Universidad de Holguín, Licenciado en Educación, Especialidad de Inglés, y Máster en Ciencias Pedagógicas.

Ha impartido docencia por más de treinta años y escrito críticas, poemas e historias en español e inglés. Miguel ha escrito y publicado numerosos artículos académicos en Cuba, Méjico, España y Canadá. Hasta el momento ha publicado cincuenta y dos poemas, tres cuentos cortos y seis reseñas literarias de libros de poesía y novelas en variadas publicaciones: *The Ambassador*, revista insignia oficial de la ALCC; *The Envoy*, boletín oficial de la ALCC; los libros de la Serie Puentes, publicado por Hidden Brook Press y SandCrab Books; el Adelaide Group en Nueva York, y otras antologías de la Hidden Brook Press y SandCrab Books. Sus temas se acercan a la mujer, la gente, la vida, la familia, el amor, la naturaleza, y los valores humanos.

Actualmente el autor se dedica a varios proyectos de la ALCC. Trabaja en el Departamento de Educación Lengua Inglesa como Profesor de inglés y Estilística inglesa. Es Profesor Principal de la Disciplina Lengua Inglesa. Utiliza sus artículos académicos, ensayos, historias y poemas en clases para la lectura, el debate y la práctica del idioma, incluyendo un aspecto didáctico y formativo a su producción científica y literaria. Realiza además lectura de poesía en actividades docentes y extensionistas universitarias.

Miguel Olivé's First Full Poetry Book: Forge of Words

I have fully enjoyed *Forge of Words,* a poetry book by Cuban Professor Miguel Olivé. Despite all the modesty he claims for his writing style and his poems, I can safely state that he should have no second thoughts about the high quality of his poetry and should keep on writing; there is a natural poet deep inside him. Poets have always argued they never finish polishing their poems; they just have to stop somewhere and publish, but constant editing keeps coming and coming! That is true; we will never cease to grow in any sense. That is what Miguel does with every new poem he "forges" and shows to me.

When we read other people's literary pieces, many of us tend to say, "I would have said it this way or that way." That is valid, we must learn from all sources, yet sometimes we fail to observe one of the key aspects of poetic craft: individuality. Olivé has successfully found his style – not only in writing but also in reading his poetry before an audience. This is evident in Forge of Words.

From his early works, mostly dedicated to intimate poems to women, to his latest –experiencing all sorts of themes and textual arrangements– it is a joy to witness Miguel's growth as a poet, much of which derives from having read and absorbed fine Canadian poetry during the last three years, and from having followed valuable advice given by poet friends. In reading his book, I became an active witness of things, people and feelings described.

From "Your Magic," where you actually see and feel the fire, the moon, the souls and magic being sprinkled, through "Witness of Twilight," in which motion, touch and sight come together, I turned into a participant of the poet's act of living and eternalizing love and nature.

Without giving up his intimate dialogues with love, Olivé surprises us with many other every-day and universal themes: family, things around, history, illnesses, death, etc. We will enjoy each poem as a single component of a larger structure, even in their variety and motif. However, diversity does not affect the palpable cohesion that remains deeply entwined in Miguel´s unique style and we sense as we read. Let´s read then Forge of Words and think of our own lives and contexts. I am sure many of these poems will ring a bell in your hearts and own experiences.

BEd Jorge Pérez Hernández
Canada Cuba Literary Alliance Ambassador
Editor of The Envoy newsletter
Contributing Editor of The Ambassador magazine
President of the "Sea Dreamers" Gibara Poets Group

Primer libro de poemas de Miguel Olivé: Fragua de palabras

He disfrutado completamente *Fragua de palabras*, un libro de poesía del Profesor cubano Miguel Olivé. A pesar de toda la modestia que dice haber en su estilo de escribir y en sus poemas, puedo decir sin temor a equivocarme que no debe tener dudas sobre la alta calidad de su poesía y debe seguir escribiendo; hay dentro de él un poeta natural. Los poetas siempre han dicho que nunca terminan de pulir sus poemas; solo que tienen que detenerse en algún punto y publicar ¡pero la edición constante nunca termina! Eso es verdad; siempre estamos creciendo en todos los sentidos. Eso es lo que Miguel hace con cada nuevo poema que "fragua" y me enseña.

Cuando se leen las obras literarias de otras personas, muchos de nosotros tendemos a decir, "Yo lo hubiera dicho de esta forma o de aquella". Esto es válido, tenemos que aprender de todas las fuentes, sin embargo no notamos uno de los aspectos claves de la creación poética: la individualidad. Olivé ha encontrado con éxito su estilo – no solo en lo que escribe sino también cuando lee su poesía para un público. Esto se ve claramente en Fragua de palabras.

Desde sus primeros trabajos, dedicados fundamentalmente a poemas íntimos a la mujer, hasta sus últimos – en los que prueba todo tipo de temas y formatos textuales –es un placer ser testigo del crecimiento de Miguel como poeta, en gran parte debido al hecho de haber leído y asimilado poesía canadiense de excelencia durante estos últimos tres años, y de haber escuchado valiosos consejos que le han dado amigos poetas. Al leer este libro, fui un copartícipe de las cosas, las personas y los sentimientos que se describen.

Desde "Tu magia", donde realmente ves y sientes el fuego, la luna, las almas y la magia rociada, hasta "Testigo del crepúsculo", en el cual el movimiento, el tacto y la visión van juntos, me volví un testigo de los actos del poeta de vivir y eternizar el amor y la naturaleza.

Sin renunciar a sus diálogos íntimos con el amor, Olivé nos sorprende con muchos otros temas cotidianos y universales: la familia, las cosas a nuestro alrededor, la historia, las enfermedades, la muerte, etc. Disfrutaremos cada poema como un componente independiente dentro de una estructura mayor, aun en su variedad y motivos. Sin embargo, esta diversidad no afecta la palpable cohesión que permanece bien entremezclada en el estilo exclusivo de Miguel y que sentimos a medida que vamos leyendo. Leamos entonces Fragua de palabras y pensemos en nuestras propias vidas y contextos. Estoy seguro que muchos de estos poemas les resultarán familiares en sus corazones y sus propias experiencias.

Lic. Jorge Pérez Hernández
Embajador de la Alianza Literaria Canadá Cuba
Editor del boletín The Envoy
Editor asistente de la revista The Ambassador
Presidente del Grupo de Poetas de Gibara los "Soñadores del mar"